dedo

d

d d d d d

d d d

d d d

d d d

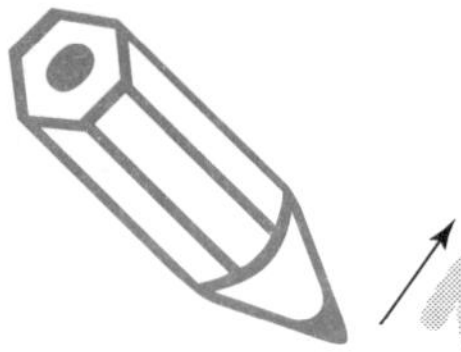

ddddddd

da de di do du

didí dadá dudú

da de di do du

didí dadá dudú

mi dedo me duele

dame la pomada

papá le da pomada

Escribe los nombres y colorea:

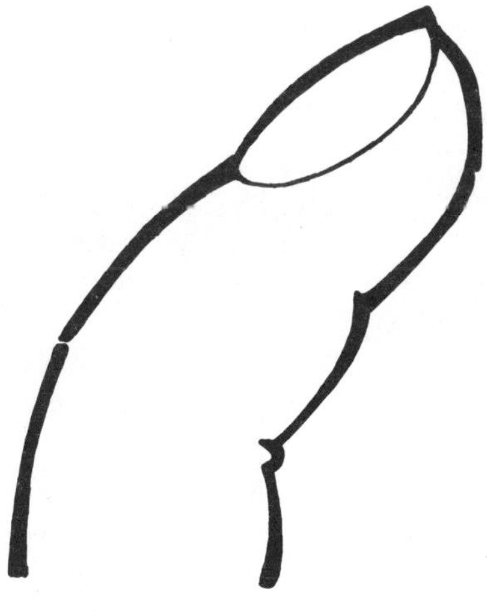

d

p

hada

h h h h h

h h

h h

h h

hhhhhhh

ha hi ho hu he

hilo hule hola

ha hi ho hu he

humo hueso huele

de ahí sale humo

ese hilo de mamá

dame ese hueso

Escribe los nombres y colorea:

h

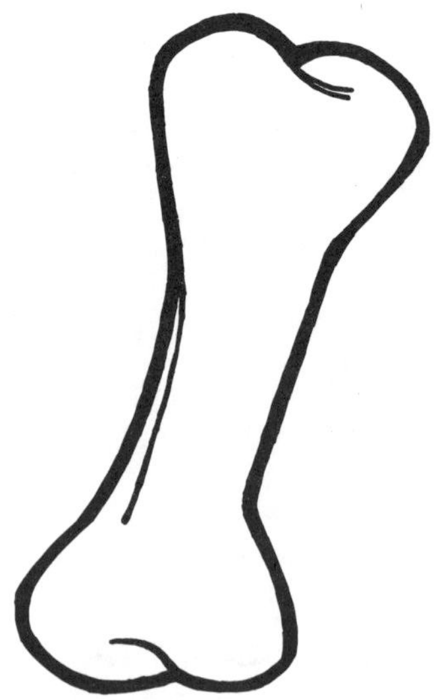

h

h

b

b b b b b

b b

b b

b b

bbbbbbbb

bo bi be ba bu

baba bobo bebé

bi bu bo ba be

bote bata bota

Escribe los nombres y colorea:

bbb

b

b

bbb

b

b

bbb

b

b

nido

n

n n n n n

n n

n n

n n

nnnnnnn

ni ne no nu ne

nena nene ana ene

ni ne no nu ne

bote bata bota

nido nube enano

nudo mono mano

Escribe los nombres y colorea:

n

n

m

e

vuela

v

v v v v v

v v

v v

v v

va vi vu ve vi

uva uve ave uve

va vi vu ve vi

vaso vino vida vela

Escribe los nombres y colorea:

v

u

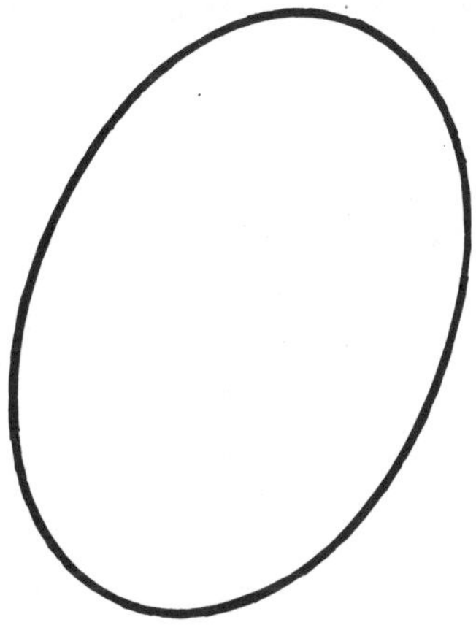

v

h

p

v

r

r r r r r

r r

r r

r r

rrrrrrrrr

ri re ro ru re

ri re ro ru re

risa rosa ruso ruta

osito rie rie rie

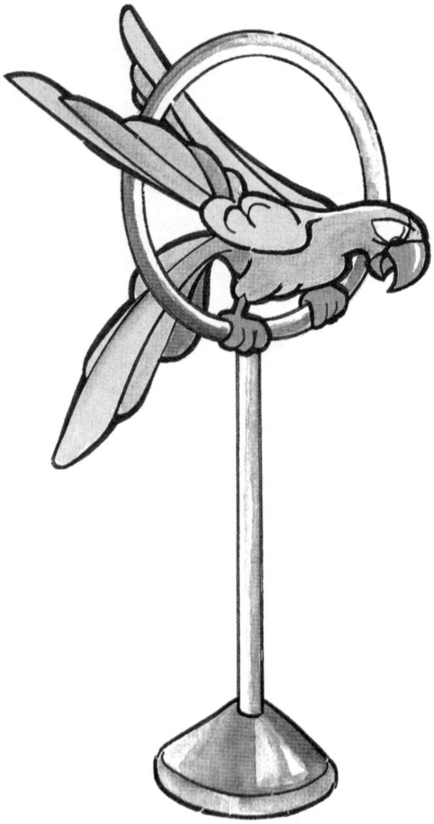

aro

loro

el loro en el aro

ese loro es raro

loro toro pera rueda

dame puré de pera

la rata roe roe

el torero torea solo

el loro ríe ríe

Escribe los nombres y colorea:

rrr

r

t

rrr

r

p

rrr

p

l

uña

ñ

ñ ñ ñ ñ ñ

ñ ñ

ñ ñ

ñ ñ

esa niña toma piña

la leña de la dueña

la uña de ese niño

Escribe los nombres y colorea:

u

n

Resuelve el crucigrama

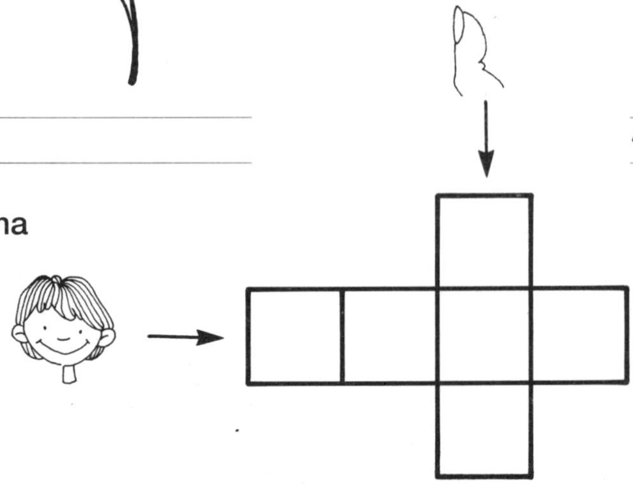

f . . . f . . . f . . .

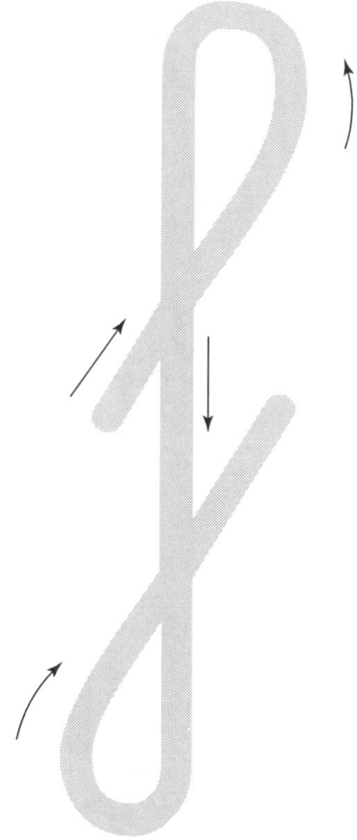

f f f f f

f f

f f

f f

fa fo fi fe fa

feo fea fofó fifí

fe fi fo fu fa

fila foto fideo fila

ese sofá es feo

la farola de fofó

Escribe los nombres y colorea:

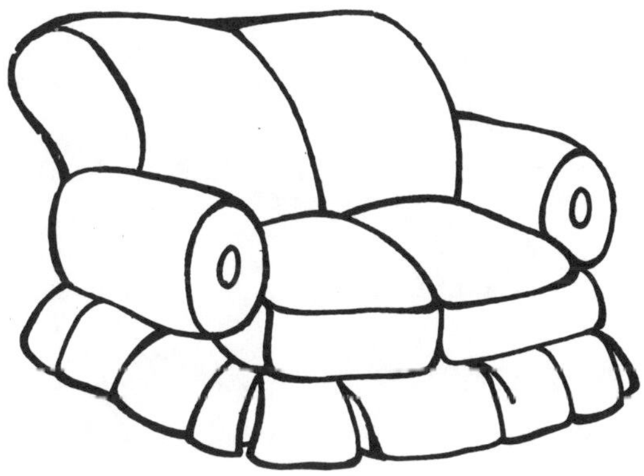

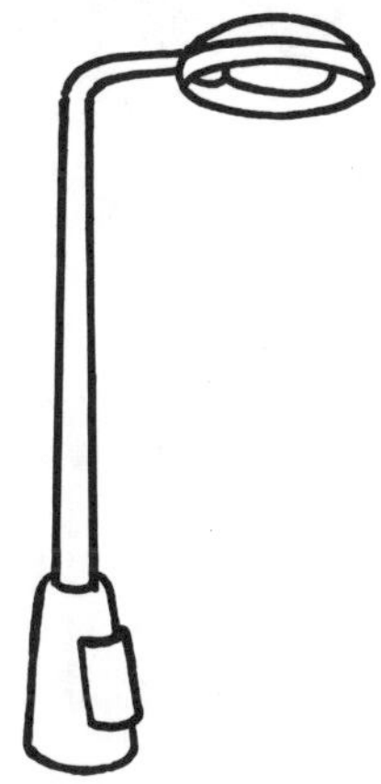

s

f

Resuelve el crucigrama:

gatito

g g g g g

g g

g g

g g

gggggggg

ga go gu ga go

gato goma gula gata

gu ga go gu ga

agua gusano gorro

Completa y colorea:

veo ese

g

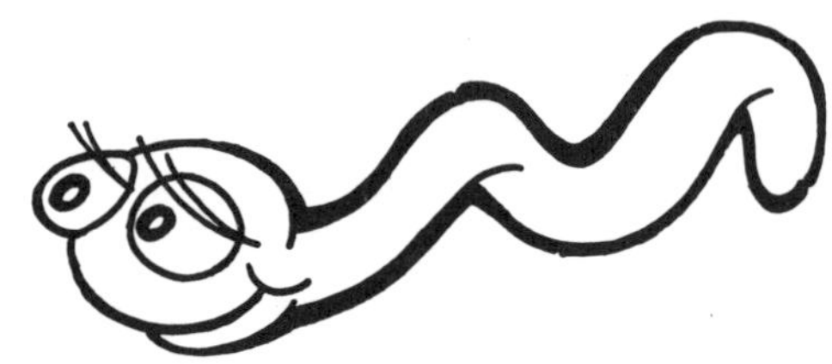

veo ese

g

el  del mago

g

bebo de esa 

a

llueve

ll

ll ll ll ll ll

ll ll

ll ll

ll ll

mamá gallina llama

llama a su pollito

le llama allí y allá

la gallina, el pollito

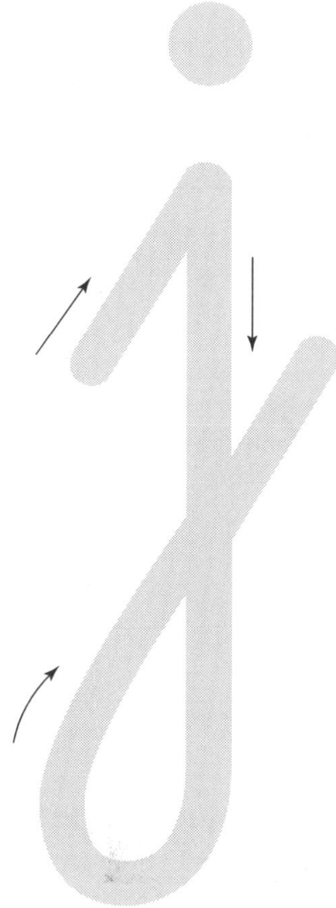

j j j j j

j j

j j

j j

jjjjjjjjjjj

ja jo ju je ji ja

jota jarra julio rojo

ji je ju jo ja ji

jaleo jaula ojo moja